MÉMOIRE

SUR

UN APPAREIL PROPULSEUR

POUR

LA NAVIGATION MARITIME,

PUISANT SA FORCE MOTRICE DANS LES VAGUES

ET DANS LE TENGAGE DU BATIMENT,

SUIVI DE

L'EXPOSÉ D'UN SYSTÈME DE ROUES DE VOITURES

A RESSORT SANS FIN EN CAOUTCHOUC,

PAR

J.-E. BENUCCI,

Capitaine au 2º de Ligne.

PRIX : 2 FR. 50 C.

PARIS,

LIBRAIRIE SCIENTIFIQUE, INDUSTRIELLE ET AGRICOLE,

EUGÈNE LACROIX, ÉDITEUR,

LIBRAIRE DE LA SOCIÉTÉ DES INGÉNIEURS CIVILS,

15, QUAI MALAQUAIS, 15.

1866.

MÉMOIRE

SUR

UN APPAREIL PROPULSEUR

POUR

LA NAVIGATION MARITIME,

PUISANT SA FORCE MOTRICE DANS LES VAGUES

ET DANS LE TENGAGE DU BATIMENT,

SUIVI DE

L'EXPOSÉ D'UN SYSTÈME DE ROUES DE VOITURES

A RESSORT SANS FIN EN CAOUTCHOUC,

PAR

J.-E. RENUCCI,

Capitaine au 2e de Ligne.

PRIX : 2 FR. 50 C.

PARIS,

LIBRAIRIE SCIENTIFIQUE, INDUSTRIELLE ET AGRICOLE,

EUGÈNE LACROIX, ÉDITEUR,

LIBRAIRE DE LA SOCIÉTÉ DES INGÉNIEURS CIVILS,

15, QUAI MALAQUAIS, 15.

—

1866.

MÉMOIRE

SUR UN APPAREIL PROPULSEUR

POUR LA NAVIGATION MARITIME,

PUISANT SA FORCE MOTRICE DANS LES VAGUES ET DANS LE TENGAGE
DU BATIMENT.

LE MÊME APPAREIL PEUT FONCTIONNER
AU MOYEN DE LA POUDRE DANS UN TEMPS CALME ET POUR L'ENTRÉE
ET LA SORTIE DES PORTS.

Je me propose de démontrer qu'on peut transformer les vagues et le tengage d'un bâtiment en force motrice, au moyen de *l'appareil à bouée* que je vais décrire ci-après.

La figure I représente la coupe de l'arrière du bâtiment, muni de l'appareil moteur, par un plan vertical mené suivant le grand axe du bâtiment.

Le tracé en gros trait A' B' C' D' E' F' G' représente l'intersection de la coque du bâtiment; le reste du tracé représente l'intersection de l'appareil.

On voit par le tracé en gros trait, que l'application de l'appareil moteur exige que l'arrière du bâtiment soit d'une forme autre que celle des bâtiments actuels. Le reste du bâtiment ne subit aucune modification par l'adjonction de l'appareil moteur.

A B C D E F est un cylindre muni de deux orifices B C, D E, invariablement assujetti à l'arrière du bâtiment, dans lequel se meut un piston *u* de C en D et de D en C.

G H I J est une bouée en tôle, dont l'arbre ou axe *a a* est traversé par la tige *b b b* du piston *u*. L'extrémité *d d'* de l'arbre de la bouée est assujettie à la tige du piston en *c* ; mais le système d'attache est tel, qu'on peut varier le point d'assujettissement, quand c'est nécessaire, en faisant descendre la bouée, et le porter en *c'*, par exemple.

La ligne Z Z' représente le plan de flottaison.

La bouée est supposée immergée d'un tiers de son volume, par suite de son poids et du poids du piston et de la tige qu'elle supporte.

La tige *b b b* du piston traverse la coque du bâtiment en *e*, et se termine par un second piston T. Le piston T est destiné à se mouvoir dans le cylindre K L M N, au moyen de la poudre, pour faire fonctionner l'appareil à l'entrée et à la sortie des ports et en temps calme.

Les dimensions de l'appareil doivent naturellement varier avec les dimensions du bâtiment, et l'expérience seule pourra déterminer, d'une manière précise, quelles dimensions il convient de donner à l'appareil ou à telle partie de l'appareil, pour des bâtiments d'une dimension donnée.

Pour établir ma théorie, je vais raisonner sur un appareil dont les dimensions des diverses parties sont les suivantes :

A F, hauteur du cylindre, 1^m 60.

F E, diamètre du cylindre, 0^m 80.

B C et D E, diamètres des orifices du cylindre, 0^m 50.

C D, course du piston, 0^m 60.

Distance entre la base supérieure F E du cylindre et la base inférieure G H de la bouée, 0^m 30.

G I, hauteur de la bouée, 1^m 50. La bouée est immergée d'un tiers de sa hauteur, c'est-à-dire de 0^m 50. La base de la bouée est un carré de trois mètres de côté. Le volume de la bouée est de 13 mètres cubes 500 décimètres cubes. Le volume immergé est de 4 mètres cubes 500 décimètres cubes, et le volume hors de l'eau est de 9 mètres cubes.

Distance entre la base supérieure I J de la bouée et la partie C' B' de la coque du bâtiment, 0^m 80.

Hauteur du cylindre K L M N, 0^m 80.

Diamètre de ce cylindre, 0^m 20.

K L *g f*, chambre du cylindre, de 0^m 20 de hauteur. Le piston T s'appuie sur les bords intérieurs de cette chambre quand il est au bas de sa course, et la course de ce piston, à partir des bords de la chambre jusqu'au haut du cylindre, est de 0^m 60.

Supposons un bâtiment muni d'un tel appareil flottant sur une mer agitée, et examinons quel sera l'effet des vagues et du tengage sur cet appareil.

Dans une mer calme, la bouée est équilibrée de manière à être immergée de 0^m 50, et le piston *u* se trouve au bas de sa course, comme l'indique la figure I.

Admettons qu'il survienne des vagues ayant en moyenne 1^m 50 ou 2^m de hauteur.

Chaque vague immergera complétement la bouée, par

la raison que la bouée est attachée au piston u et que le piston u ne peut remonter qu'en chassant par l'orifice D E l'eau qui se trouve dans la partie C D du cylindre. Le cylindre ayant 0^m 80 de diamètre, sa section a une surface de 50 décimètres carrés. Donc le mouvement du piston u sera plus lent que le mouvement de la vague, et la vague immergera complétement la bouée.

Nous avons vu que la bouée est équilibrée de manière à flotter dans une mer calme, ayant 9 mètres cubes de son volume au-dessus de l'eau. Quand elle est complétement immergée, elle exerce donc une traction sur le piston u égale au poids de 9 mètres cubes d'eau de mer. Un mètre cube d'eau de mer pesant 1026 kilogrammes, la traction exercée sur le piston se trouve de 9234 kilogrammes. La surface du piston est de 50 décimètres carrés (je néglige les fractions); la pression est donc de 184 kilogrammes par décimètre carré.

Quand on exerce une pression sur un liquide renfermé dans un vase, cette pression se transmet également à tous les points de la paroi du vase. Si le vase est fermé, toutes les pressions se détruisent comme égales et contraires deux à deux; mais si le vase a un orifice qui donne issue au liquide, la pression est détruite à cet orifice, et il existe à la paroi opposée, suivant une surface égale à la surface de l'orifice, une pression qui n'est pas équilibrée et qui tend à imprimer au vase un mouvement dans le sens de cette pression. (*Principe du Tourniquet hydraulique.*)

L'orifice D E ayant une surface de 19 décimètres carrés, la paroi opposée subit une pression non équilibrée de 3496 kilogrammes. Et comme le cylindre fait corps avec le bâtiment, le bâtiment se trouve poussé à l'arrière et dans le sens de son grand axe par une force de 3496 kilogrammes.

Cette force motrice de 3496 kilogrammes ne se développe que quand la bouée est complétement immergée, et c'est le maximum de force que peut fournir l'appareil que nous examinons. Pour développer une plus grande force, il faudrait une bouée d'un plus grand volume. Quand la vague n'immerge qu'une partie du volume de la bouée qui se trouve normalement en dehors de l'eau, la force développée est proportionnelle au volume immergé.

Comme la vague immerge et découvre progressivement la bouée, la force motrice, au lieu de se produire par pressions brusques et instantanées, se développe progressivement et diminue progressivement. C'est là une condition favorable en ce qu'elle exclut les secousses violentes.

A mesure que le piston monte par la traction de la bouée, l'eau entre par l'orifice B C, et remplit le cylindre au-dessous du piston. Supposons que le piston u ait fait une course de 60 centimètres et soit arrivé par conséquent en D. Comme la bouée se trouve également élevée de 60 centimètres au-dessus de son plan normal de flottaison, et qu'elle ne peut descendre aussi vite que la vague se retire, par suite de la résistance qu'éprouve le piston à chasser l'eau du cylindre par l'orifice inférieur B C, il arrive que tout le volume de cette bouée, même celui qui est habituellement immergé, se trouve à découvert. Le piston exerce alors sur l'eau du cylindre une pression égale au poids de la bouée, du piston et de la tige. Ce poids est égal au poids de l'eau que déplace le volume de la bouée qui se trouve normalement immergé. Ce volume est, nous l'avons vu, de 4500 mètres cubes. Le poids de l'eau déplacée ou la pression qu'exerce le piston, est donc de 4617 kilogrammes. C'est une pression de 92 kilogrammes par décimètre carré.

La surface de l'orifice B C étant de 19 décimètres carrés, la pression non équilibrée que subit la paroi opposée du cylindre et qui devient par conséquent force motrice, est de 1748 kilogrammes.

Il résulte de ce qui précède, que chaque vague qui arrive sous la bouée donne lieu à une ascension et à une descente du piston, et que le maximum de pression qui se développe à la descente du piston est égal au poids de l'eau que déplace le volume normalement immergé de la bouée.

Passons à l'effet du tengage.

Le tengage est une oscillation du bâtiment suivant son grand axe.

Supposons qu'une vague arrive à l'avant du bâtiment. Cette vague, si elle n'est contrebalancée par une autre vague arrivant en même temps à l'arrière, soulèvera l'avant et immergera l'arrière du bâtiment. La bouée s'immergera avec l'arrière du bâtiment et tirera le piston. Le piston remontera lentement en exerçant sur l'eau du cylindre une pression analogue à celle décrite plus haut, pression qui devient une force motrice appliquée suivant l'orifice D E.

L'arrière du bâtiment se relèvera ensuite, soulèvera la bouée et mettra tout ou partie de son volume normalement immergé hors de l'eau. La bouée pèsera alors de tout ou partie de son poids sur le piston; celui-ci exercera une pression correspondante sur l'eau du cylindre, et cette pression développera une force motrice appliquée suivant l'orifice B C.

En somme, l'effet du tengage sur l'appareil est analogue à celui de la vague. Il en résulte que le bâtiment reçoit deux impulsions motrices à chaque oscillation de tengage et deux impulsions motrices à chaque vague; une impulsion motrice correspondant à l'ascension du piston, l'autre correspondant à sa descente.

Les calculs précédents établissent que quand la bouée est complétement immergée, par l'effet de la vague ou du tengage, le piston monte dans le cylindre, en développant un maximum de force motrice égal à 3496 kilogrammes, et que quand la bouée est complétement découverte, par l'effet de la vague ou du tengage, le piston descend dans le cylindre, en développant un maximum de force motrice égal à 1748 kilogrammes.

Mais ces chiffres ne sont exacts que dans l'hypothèse où la colonne liquide qui suit le mouvement du piston, se mouvra assez rapidement dans le cylindre pour exercer toujours la même pression sur la face du piston qu'elle suit.

Quand le piston est à l'état de repos, il supporte sur chacune de ses faces la pression de la colonne atmosphérique et la pression de la colonne liquide comprise entre la surface de la mer et la face du piston que l'on considère. Le poids de la colonne atmosphérique est de 103 kilogrammes 300 grammes sur une surface de un décimètre carré, et le poids d'une colonne d'eau de mer de un mètre de hauteur est de 10 kilogrammes 260 grammes sur une surface de un décimètre carré. En supposant le piston à 2 mètres au-dessous de la surface de la mer, il supporte donc sur chacune de ses faces une pression d'environ 124 kilogrammes par décimètre carré.

Il est évident, dès lors, que si la masse d'eau qui entre par l'orifice B C ou par l'orifice D E, pour remplir le vide que fait dans le cylindre le mouvement du piston, n'est pas assez considérable pour permettre à la colonne liquide de suivre le piston et de le presser constamment comme à l'état de repos, il est évident, dis-je, que l'action utile de la bouée sera neutralisée dans la mesure où la pression de la colonne liquide diminuera et qu'il y aura diminution de force motrice dans cette même mesure.

Je pense que l'inconvénient dont je viens de parler se produira à un degré quelconque; mais il est facile de le détruire en établissant à chaque base du cylindre, une soupape s'ouvrant de dehors en dedans. L'eau entrera alors abondamment dans le cylindre par les orifices et par les soupapes, et chaque soupape se fermera par la pression même de l'eau intérieure quand le piston se mouvra vers elle.

Comme il serait impossible d'appliquer efficacement aucun système de graissage des pièces dans l'eau, il convient que le jeu du piston u dans le cylindre et le jeu de la tige $b\ b\ b$ dans le trou x soient libres. On évite ainsi la résistance des frottements et l'usure des pièces. Il n'y a, d'ailleurs, aucun inconvénient à ce que une petite quantité d'eau s'échappe par les bords du piston et par le trou x dans la manœuvre de l'appareil.

Une question importante à décider, mais qui ne saurait être décidée avec précision que par l'expérience, c'est le rapport qui doit exister entre le diamètre des orifices

B C, D E et le diamètre du cylindre, afin d'obtenir de l'appareil le plus grand effet utile possible.

On conçoit que si les orifices sont trop grands par rapport au diamètre du cylindre, le piston videra le cylindre en n'exerçant qu'une faible pression sur l'eau, et dès lors il ne développera qu'une très-faible force motrice. Si les orifices sont, au contraire, trop petits par rapport au diamètre du cylindre, le piston n'effectuera qu'une très-petite course durant le mouvement de la vague ou du tengage. De plus, comme la force motrice résulte de la pression non équilibrée que l'eau exerce sur la paroi du cylindre opposée à l'orifice, suivant une surface égale à la surface de l'orifice, plus ¦petit sera l'orifice, moins grande sera la force motrice développée.

La question du rapport du diamètre des orifices au diamètre du cylindre est sous la dépendance des questions suivantes :

1º Quel est le temps moyen que met la vague à passer sous la bouée?

2º Quel est le temps moyen d'une oscillation de tengage?

3º L'écoulement d'un liquide par un orifice à mince paroi donne lieu à une contraction de la veine liquide qui réduit d'autant la dépense effective; cette contraction aura-t-elle lieu pour un écoulement dans l'eau comme pour un écoulement dans l'air?

Il est évident que plus seront lents le tengage et le passage de la vague sous la bouée, plus petits devront être les orifices du cylindre, afin que la pression du piston sur l'eau puisse se développer.

Si la veine liquide se contractait dans l'eau comme

dans l'air, il y aurait cet avantage que la surface de pression non équilibrée serait toujours égale à la surface de l'orifice, tandis que la dépense effective de l'orifice serait inférieure à la dépense théorique.

Une seconde question importante à décider, c'est le rapport qui doit exister entre le volume normalement immergé de la bouée et le volume de cette même bouée normalement hors de l'eau. Dans l'exemple que nous examinons, la bouée est normalement immergée d'un tiers de son volume et se trouve normalement à découvert des deux tiers. Il pourrait se faire qu'il y ait avantage à ce que la bouée soit normalement immergée dans un rapport plus considérable. Mais c'est encore là une question qui demande à être décidée plutôt par des études expérimentales que par des discussions théoriques.

Une troisième question à considérer, c'est le volume maximum qu'on peut donner à la bouée, en raison du volume moyen des vagues dans les diverses mers.

L'appareil étant basé sur l'immersion de la bouée par la vague, il est évident que la base et la hauteur de la bouée doivent être en rapport avec la base et la hauteur moyennes des vagues.

Un bâtiment s'enfonçant plus ou moins dans l'eau suivant qu'il est plus ou moins chargé, le cylindre A B E F, qui est invariablement fixé au bâtiment se trouvera plus ou moins éloigné du plan de flottaison Z Z, suivant que le chargement du bâtiment sera plus ou moins considérable. D'un autre côté, pour que l'appareil fonctionne bien, il faut que la bouée soit ajustée à la tige b b b du piston u, de manière à ce que, dans l'état d'équilibre normal, ce piston se trouve au bas de sa course quand la bouée est immergée d'un tiers de sa hauteur. De là, la nécessité d'ajuster la bouée à la tige du piston suivant les différents chargements du bâtiment. Pour que cet ajustage puisse s'effectuer, il faut : 1º Que la tige $b\ b\ b$ du piston glisse dans l'axe ou arbre $a\ a$ de la bouée, de manière à pouvoir lui assujettir la bouée à tel point qu'il sera convenable ; 2º Que le cylindre A B E F soit assez bas placé à l'arrière du bâtiment pour permettre l'immersion d'un tiers de la bouée dans le cas du plus faible chargement qu'on pourrait admettre pour le bâtiment.

L'appareil peut fonctionner au moyen de la poudre pour la sortie et pour l'entrée des ports et dans les moments de calme.

La tige $b\ b\ b$ du piston u se termine à son extrémité supérieure par un autre piston T. Le piston T se meut dans le cylindre K L M N. Ce cylindre est ouvert à sa partie supérieure, et présente à sa partie inférieure une chambre K L $f\ g$ d'un moindre diamètre, destinée à contenir une certaine quantité d'eau. Les bords supérieurs de cette chambre arrêtent le piston et limitent sa course descendante.

h est un tube de chargement pourvu, à sa partie supérieure, d'un mécanisme analogue à celui des armes se chargeant par la culasse, destiné à recevoir une cartouche et à produire son inflammation. Le mécanisme devra être tel que le feu soit communiqué à l'extrémité inférieure de la cartouche, de manière que l'enveloppe de cette cartouche, au lieu d'être lancée dans la chambre K L $f\ g$ du cylindre, demeure dans le logement où on la place et puisse en être retirée au moment où l'on découvre ce logement pour y placer une autre charge.

Le contenu de la cartouche, au lieu d'être de la poudre ordinaire, c'est-à-dire à combustion instantanée, sera une composition fusante, donnant une combustion progressive et de nature à durer tel temps jugé nécessaire pour porter le piston T jusqu'au haut de sa course, avec une vitesse déterminée. L'emploi de la poudre à combustion instantanée, aurait pour résultat de faire éclater le cylindre sans pouvoir produire aucun effet utile.

Dès que la combustion de la fusée commence, les gaz passent sous le piston T par l'orifice *i* et le soulèvent. Comme la tige *b b b* est commune au piston T et au piston *u*, celui-ci se trouve soulevé dans la même mesure que le piston T et chasse l'eau par l'orifice D E, sous une pression en rapport avec la force engendrée par les gaz de la fusée.

l est un tuyau qui communique avec le tube *h* par un robinet *o*. Il est destiné à donner issue aux gaz du cylindre quand on veut faire redescendre le piston T. Le piston T étant arrivé au haut de sa course, on ouvre le robinet *o*. Les gaz s'échappent par cet orifice, les pistons T et *u* descendent par le poids de l'ensemble de l'appareil, et l'eau est chassée par l'orifice B C sous une pression en rapport avec ce poids.

On recommence la manœuvre en fermant le robinet *o* et en introduisant une nouvelle fusée dans le tube *h*.

Un seul homme peut exécuter la manœuvre décrite ci-dessus sans aucune fatigue.

Avant de faire fonctionner l'appareil par la poudre, on remplira d'eau la chambre K L *f g*. On introduira cette eau par l'orifice qui sert à placer la fusée, et on la renouvellera aussi souvent qu'il sera nécessaire.

Les gaz inflammés de la fusée, en arrivant sur cette eau se refroidiront dans une certaine mesure, et développeront par là-même une certaine quantité de vapeur d'eau. Cette vapeur d'eau contribuera à soulever le piston, et, de plus, en humectant les parois du cylindre, elle dissoudra la crasse qui naît des gaz de la poudre et facilitera le jeu du piston.

Le fonctionnement de l'appareil par la poudre, n'occasionnerait qu'une dépense peu considérable. Du reste, l'appareil ne doit fonctionner de cette manière que dans des circonstances rares et exceptionnelles.

Il est essentiel de remarquer que l'appareil destiné à produire une force motrice par la poudre n'est qu'accessoire, et qu'on peut le supprimer sans que cette suppression altère le moins du monde la valeur de l'appareil qui concerne les vagues et le tengage.

Il faut remarquer en outre, que les moyens de locomotion décrits ci-dessus n'excluent en aucune façon celui des voiles, et qu'on doit, au contraire, les combiner pour obtenir une navigation au long cours très-rapide. Par une mer agitée et par un vent favorable, le bâtiment marcherait alors avec une grande vitesse. Ces moyens n'excluent pas non plus l'emploi des machines à vapeur, pourvu que ces machines soient à roues, au lieu d'être à hélice. On ne pourrait pas placer une hélice à l'arrière du bâtiment, à cause de la bouée; on pourrait cependant la placer à l'avant.

Pour arrêter le jeu de l'appareil à tel moment qu'on voudra, la tige *b b b* se terminera, au-dessus du piston T, par un fort crochet en fer, et quand, par l'effet de la vague ou par l'effet de la poudre, ce piston arrivera au haut du cylindre K L M N, on glissera sous ce crochet une forte barre de fer, placée en travers sur les bords supérieurs du cylindre. Ne pouvant plus descendre, l'appareil cessera par là-même de fonctionner.

Dans cette position, la bouée se trouve complétement hors de l'eau, ce qui permet de faire telle réparation qui serait nécessaire sur tout point de sa partie normalement immergée.

Le fond de la bouée porterait un robinet susceptible d'être ouvert, pour donner issue à l'eau qui se serait introduite dans la bouée, par suite d'avaries survenues à son enveloppe métallique.

Si la bouée n'était fixée qu'à la tige $b\,b\,b$ des pistons, les vagues détérioreraient bien vite l'appareil, en brisant cette tige et en emportant la bouée. Il faut donc, de toute nécessité, que la bouée soit maintenue en place par des dispositions particulières. Voici celles qui me paraissent atteindre ce but :

L'arrière du bâtiment se terminerait par une sorte de caisse ouverte par sa face postérieure et par sa face inférieure. La bouée se mouvrait dans cette caisse et s'appuyerait sur elle au moyen de roulettes. Les faces latérales de la caisse descendraient jusqu'à hauteur de la base supérieure E F du cylindre A B E F, afin de protéger la bouée contre les coups des vagues, dans le cas même où elle serait abaissée jusqu'à la base supérieure E F du dit cylindre.

La Figure II représente une coupe de la caisse et de la bouée par un plan horizontal.

A B C D est la coupe de la caisse. La face C B de cette caisse est la coque même du bâtiment. E F G H est la coupe de la bouée. *a, a, a, a,* sont des roulettes fixées à la bouée et s'engageant à jeu libre dans des rainures verticales pratiquées sur les trois faces de la caisse, de manière à permettre à la bouée de monter et de descendre, tout en la maintenant en place. *m* est la coupe de l'arbre de la bouée. *n* est la coupe de la tige du piston.

D'après cette disposition, la bouée ne peut être frappée par les vagues que sur sa face postérieure E F ; mais, encadrée comme elle l'est, entre l'arrière C B du bâtiment et les deux faces latérales A B, D C de la caisse, elle ne peut être déplacée en aucun sens par des vagues qui la frappent de cette manière.

On ne peut fermer l'arrière de la caisse pour protéger la bouée, parce que la partie inférieure de la face qui la fermerait ferait ancre en mordant constamment dans l'eau, et ralentirait la marche du bâtiment.

D'après ce qui précède, la caisse et la bouée vues par derrière, présenteraient la Figure III.

A *a b,* B *c d* sont de fortes poutres qui servent d'appui aux faces latérales A D, B C de la caisse et à l'échafaudage qui fixe le cylindre à l'arrière du bâtiment.

L'appareil qui vient d'être décrit nécessite des dispositions particulières pour l'établissement du gouvernail. L'ingénieur des constructions navales saura mieux que moi décider cette question. Je me borne à émettre, sous toute réserve, quelques considérations à ce sujet.

Le gouvernail pourrait être établi à l'arrière du cylindre et il pourrait être manœuvré au moyen de deux chaînes qui, partant du pont D C, descendraient suivant les arêtes D A et C B et iraient le saisir en *o.*

Il me semble qu'on pourrait aussi adopter un autre système de gouvernail.

Supposons que *i m n l, e g h f* soient de fortes plaques de fer de même surface que les sections des poutres A *a b*, B *d c*, et pouvant glisser dans des tiroirs en fer placés à l'extrémité de ces poutres.

Des tringles en fer, disposées suivant les arêtes D A et C B et manœuvrées sur le pont D C, serviraient à faire descendre et monter ces plaques, de manière à leur faire prendre la position qu'elles ont dans la figure et à les ramener contre les sections A *a b*, B *d c* des poutres.

Dans la première position, les deux plaques mordent dans l'eau suivant la partie de leur surface qui déborde les tranches des poutres et font ancre ; dans la seconde position, elles sont entièrement masquées par les tranches des poutres et ne peuvent mordre en aucune façon dans l'eau.

Le bâtiment se mouvant suivant son grand axe, et les deux plaques étant situées à une certaine distance, l'une sur la droite et l'autre sur la gauche de cet axe, il est évident que si l'on fait descendre la plaque de gauche, la plaque de droite restant masquée par la tranche de la poutre, le bâtiment tournera à gauche, en raison de la résistance que l'eau oppose au mouvement de la plaque de gauche démasquée. On ferait tourner le bâtiment à droite en démasquant la plaque de droite et en masquant la plaque de gauche.

Ce système de gouvernail peut être établi avec toute solidité, et permet de tenir la haute-mer et d'éviter la côte quand même une des plaques viendrait à se rompre.

Une seule plaque suffisant pour faire tourner le bâtiment, on maintiéndrait celui-ci dans la direction de la haute-mer en lui faisant faire telle révolution qu'il conviendrait pour le ramener à cette direction toutes les fois qu'il prendrait la direction de la côte.

D'après la figure, les plaques se démasquent en descendant et se masquent en remontant. Cette disposition serait peut-être défectueuse en ce que si les tringles qui les manœuvrent viennent à se briser, les plaques se démasquent d'elles-mêmes en descendant par leur propre poids. Il vaudrait mieux adopter la disposition inverse, celle où les plaques se démasquent en montant et se masquent en descendant. Avec cette dernière disposition, si une des tringles se brise, la plaque correspondante se masque en descendant par son propre poids et cesse d'agir comme gouvernail.

Le but de ce travail est d'exposer une idée féconde et d'en faire saisir l'économie générale. Une élaboration plus détaillée et plus technique de la question, est de la compétence des hommes spéciaux.

La transformation des vagues et du tengage en force motrice opèrerait une révolution immense dans la navigation maritime. Il y aurait à la fois puissance de navigation et bon marché. De plus, on diminuerait la consommation de la houille dont les gisements sont limités, et dont l'emploi est indispensable dans une foule d'industries.

Perpignan, le 20 juillet 1866.

EXPOSÉ

D'UN SYSTÈME

DE ROUES DE VOITURES

A RESSORT SANS FIN EN CAOUTCHOUC.

Les roues à ressort sans fin en caoutchouc, auront les avantages suivants sur les roues actuelles :

1º Roulement sans bruit, même sur le pavé;

2º A qualité égale des ressorts de suspension de la voiture, le mouvement sera beaucoup plus moelleux;

3º A égalité de traction, la marche sera beaucoup plus rapide. L'application de ce système aux voitures actuelles, n'exige des modifications qu'au sujet du cercle en fer qui entoure la roue.

Voici en quoi consistent ces modifications :

1º Le cercle en fer de la roue devra présenter une rainure intérieure a, demi circulaire, l'ouverture en dehors. La figure IV présente une coupe de ce cercle.

2º On engagera dans cette rainure un cercle en caoutchouc dont la grosseur soit telle, qu'après avoir été bien tendu suivant le développement de la roue, la moitié de son épaisseur se trouve contenue dans la rainure et l'autre moitié se trouve en saillie extérieure. La figure V présente une coupe du cercle en fer portant dans sa rainure le cercle en caoutchouc x.

Les arètes intérieures *e e'* de la rainure devront être adoucies, afin que leur tranchant n'entame pas le caoutchouc, quand le caoutchouc se trouve comprimé entre le sol et la roue.

L'élasticité du cercle en caoutchouc permettra de le placer dans la rainure, et de l'en retirer par un simple effort de traction.

Je crois que le roulement de la roue et même les changements de direction de la voiture, ne feront jamais sortir de la rainure le cercle en caoutchouc, s'il est convenablement tendu. Si, cependant, l'expérience démontrait qu'il peut en sortir en certaines circonstances, on pourrait l'assujettir à la rainure en pratiquant au fond de celle-ci, de distance en distance, des petits trous *a,* destinés à laisser passer des appendices propres à attacher le cercle en caoutchouc au cercle en fer. Figure VI.

Le cercle en caoutchouc doit avoir, à l'état libre, moins de développement que le cercle en fer, afin qu'il se trouve tendu dès qu'on l'engage dans la rainure.

Il va sans dire que le cercle en caoutchouc doit être plein et non tuyauté. Sa résistance, sous la pression de la voiture chargée, doit être telle que le cercle en fer de la roue ne porte jamais sur le sol.

Les qualités du caoutchouc varient suivant les préparations qu'on lui fait subir. Le caoutchouc à employer ici, me paraît devoir se rapprocher de celui dont on se sert pour la confection des chaussures. C'est là, du reste, une question qui ne peut être bien décidée que par l'expérience.

Le caoutchouc pourra se trouver quelquefois profondément entamé par les objets aigus et tranchants sur lesquels passeraient les roues; mais, comme le caoutchouc se répare et se soude facilement avec de la matière de même espèce en fusion, je ne crois pas que cet inconvénient soit de nature à empêcher l'usage du caoutchouc roulé sous les roues.

Le cercle en fer employé dans ce système est, par sa forme même, assez rigide pour supporter un grand poids sans l'appui d'un cercle en bois. On peut donc supprimer le cercle en bois de la roue et appliquer directement les rayons r de la roue sur le cercle en fer au moyen d'appendices i, propres à les bien assujettir aux points d'application. Figure 7.

L'usage des roues de ce nouveau système n'exclut pas, pour la même voiture, l'usage des roues du système actuel. Il suffit d'avoir des roues des deux systèmes, et on poserait à la voiture les unes ou les autres, suivant la nature du voyage qu'on se propose de faire et l'état des routes qu'on a à parcourir.

Avec les roues à ressort sans fin en caoutchouc, le morceau de fer de la mécanique, qui s'applique sur la roue quand on veut enrayer, doit présenter la forme de la figure VIII, afin qu'il puisse s'appliquer sur les deux bords du cercle en fer, par ses deux branches $m\ m'$, sans toucher le cercle en caoutchouc. Les deux saillies $a\ a'$ sont destinées à encadrer le cercle en fer, afin d'empêcher les bords de celui-ci de déboiter des petites surfaces $m\ m'$ quand la mécanique est serrée. Ce morceau de fer doit être mobile, afin de pouvoir le changer, suivant l'espèce de roues qu'on adapte à la voiture.

Je n'entre dans aucune discussion scientifique, pour justifier les propriétés que j'attribue à ce nouveau genre

de roues ; il me suffira de faire remarquer que ces roues
sont, pour ainsi dire, constamment posées sur des balles
élastiques en caoutchouc, et que ces balles élastiques
tendent constamment à soulever et à mettre en l'air les
roues, par une force de réaction égale à la pression
qu'elles supportent : de là, roulement sans bruit, sou-
plesse et agilité dans le mouvement.

Le caoutchouc roulé sous les roues peut même, à la
rigueur, dispenser des ressorts de suspension de la
voiture.

Ce genre de roues n'est pas applicable aux voitures
de transport ; mais il peut être d'une destination utile
pour les voitures de luxe, soit pour augmenter la mollesse
et l'agilité du véhicule, soit pour promener des malades
dont l'état exige un mouvement très-doux.

L'usage de ces roues n'est, du reste, avantageux que
sur des routes bien entretenues, c'est-à-dire fermes et
unies.

Perpignan, le 18 juin 1866.

Perpignan, Typ. J.-B. Alzine, rue des Trois-Rois, 1.—1866.—434.

FIGURE I.
M
N
A'
T
h
C'
g
f
o
L
e
K
B'
i
l
b
I
d
d'
J
c
c'
a
a
b
Z
Z'
G
H
x
D'
F
E
E'
F
D
b
u
C
A
B
F'
G'

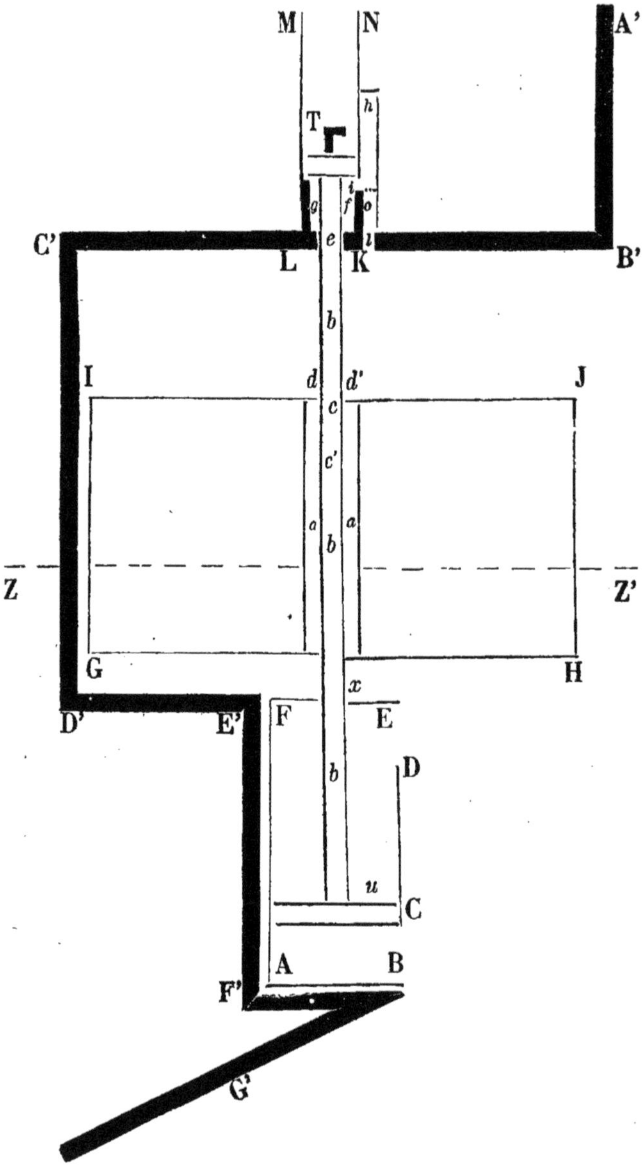

Figure II.

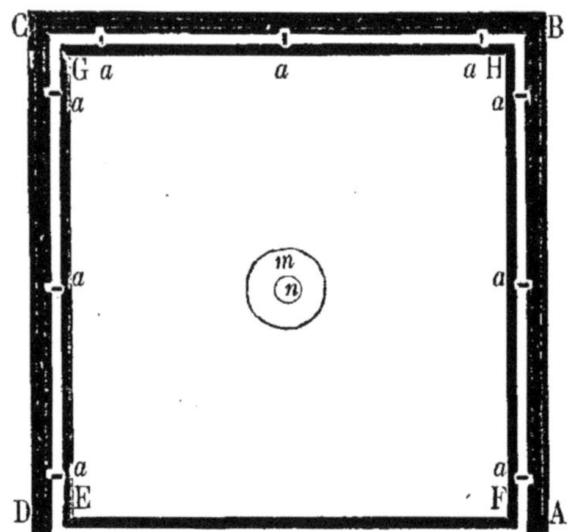

Figure III.

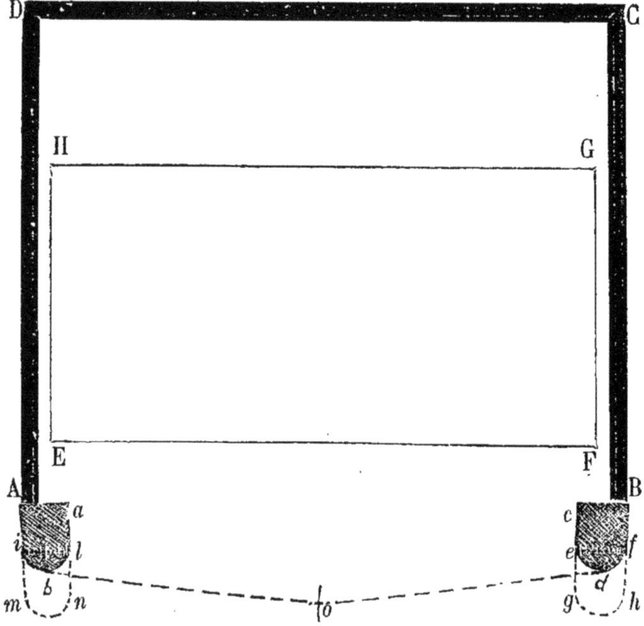

FIGURE IV.

FIGURE V.

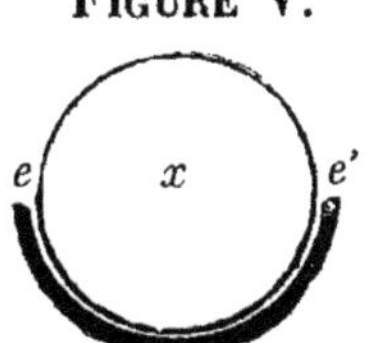

FIGURE VII.

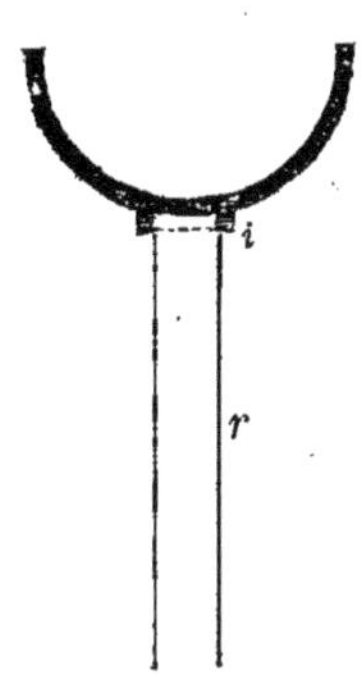

FIGURE VI.

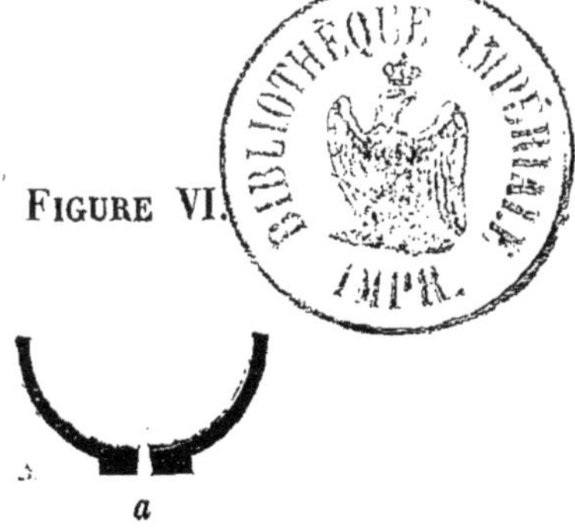

FIGURE VIII.

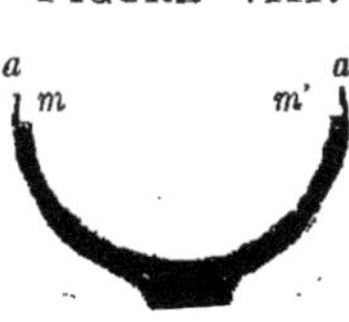

www.ingramcontent.com/pod-product-compliance
Ingram Content Group UK Ltd.
Pitfield, Milton Keynes, MK11 3LW, UK
UKHW022239070726
13613UKWH00005B/2017